I0759604

COSMIN COSKOSTAS

LO QUE YO CALLO Y MI MENTE GRITA

Montena

Papel certificado por el Forest Stewardship Council®

Primera edición: abril de 2025

Travessera de Gràcia, 47-49. 08021 Barcelona
Imágenes de interiores: AdobeStock

Printed in Spain – Impreso en España

ISBN: 978-84-10396-08-1
Depósito legal: B-2.655-2025

Compuesto en Compaginem Llibres, S. L.
Impreso en Huertas Industrias Gráficas, S. A.
Fuenlabrada (Madrid)

GT 9 6 0 8 1

ÍNDICE

BIENVENIDA

Todos albergamos luz y oscuridad en nuestro interior. Buenos y malos momentos. Un historial lleno de risas, pero también de dolor. El camino de la vida no siempre es como esperamos, ni nos sentimos siempre preparados para afrontar esas situaciones difíciles que nos ponen a prueba una y otra vez.

¿Estás satisfecho con tu vida? ¿Y contigo mismo? ¿Cómo te relacionas con tu entorno? De todo ello dependerá que seas más o menos feliz, aunque, claro está, no puedes controlarlo todo, lo cual puede generar mucha frustración y desasosiego.

A lo largo de estas páginas, te invito a reflexionar sobre tu vida: cómo has llegado a ser quien eres, qué es lo que te define y cómo te relacionas con los demás en el terreno afectivo, amistoso, familiar y laboral. Todas estas cuestiones son potenciales fuentes de alegría, amor y satisfacción, pero también de dolor, estrés y tristeza.

Mirar con detenimiento hacia tu interior puede ser difícil, pero también necesario para identificar tus heridas, sacar todo ese dolor que llevas dentro y empezar a sanar. Por el camino, también habrá espacio para recordar momentos felices, personas queridas y logros que has conseguido a lo largo de tu vida. Porque a pesar de los obstáculos, aquí estás hoy, ¿verdad?

Sé honesto y sácale todo el partido posible a este diario. No te guardes nada, no te hables con eufemismos, no seas amable con quienes no lo fueron, no pierdas la oportunidad de dedicarte unas palabras bonitas. Escribe, raya, dibuja, llora... En estas páginas hay espacio para todo.

Expresa por fin todo eso que tu mente grita y tú llevas tanto tiempo callando.

PARTE 1

UNA MIRADA HACIA TU YO DEL PASADO

Eres todo lo que has vivido. Todo lo que has sentido. Cada experiencia, cada paso en el camino, cada decepción y cada victoria te han convertido en lo que eres hoy.

Por este motivo, en esta primera parte del libro te propongo que eches la vista atrás para reencontrarte con tu yo del pasado, que plasmes aquí tus recuerdos, tus peores miedos, que abras esa ventana y dejes pasar todo eso que ha formado parte de ti durante tanto tiempo.

Tal vez, en esencia, sigas siendo la misma persona que hace años o, tal vez, mires atrás y apenas te reconozcas. Sea como sea, date la oportunidad de darte un gran abrazo desde la distancia; date permiso para aceptarte, para reconocer quién eres y de dónde vienes.

Solo viajando hasta tu esencia podrás conocerte bien y reparar las heridas que portas. Quizá no siempre sea un trayecto placentero, pero te aseguro que merecerá la pena.

TU INFANCIA

La niñez es una etapa crucial en la vida. Entre juegos, risas, veranos eternos y alguna que otra travesura, nuestro carácter va tomando forma y empezamos a aprender a relacionarnos con el mundo.

Cuando somos niños, no somos conscientes de la cantidad de recuerdos que atesoraremos en el futuro ni cómo influirán estos en la percepción que tengamos sobre esta etapa de nuestras vidas.

¿Cómo fue la tuya? ¿Feliz o, más bien, agridulce? ¿Qué recuerdas de esa época? Cierra los ojos y tómate unos minutos para volver a esos años que ahora pueden parecerte lejanos, pero que sigues llevando dentro de ti.

¿Cómo recuerdas tu infancia?

En general, ¿eras un buen niño, tenías tus momentos de travesuras o eras de los que se portaban mal? ¿Cómo te ves desde la distancia?

Tus juegos o juguetes favoritos:

1.
2.
3.

¿Qué era lo que más feliz te hacía cuando eras pequeño?

¿Con quién solías jugar?

1.
2.
3.

Desempolva ese viejo álbum y pega aquí una foto (o más de una) de cuando eras pequeño.

¿Qué te transmite? ¿Cómo te hace sentir?

¿Cómo pasabas los veranos cuando eras niño?

Lugares que te transportan a tu infancia:

1.
2.
3.

Un olor inconfundible que te traslade a esos años:

¿Qué solías hacer con tus padres los fines de semana cuando eras niño?

Un recuerdo feliz de tu infancia:

Y un recuerdo triste de esa época:

¿Cuál fue tu mayor miedo de pequeño? ¿Lo sigues teniendo?

¿Había algo que envidiaras de los otros niños?

☐ SÍ ☐ NO

Si es así, ¿qué era? ¿Por qué lo envidiabas? ¿Recuerdas cómo te sentías al respecto?

¿Qué le dirías a tu yo de niño ahora mismo si pudieras? Escríbele una pequeña carta desde el cariño y la compasión.

Seguro que de pequeño hacías cientos de dibujos. Aquí tienes un espacio para dibujar a tu yo de niño. ¿Qué era lo que más te caracterizaba o lo que más te gustaba hacer? Plásmalo en esta página.

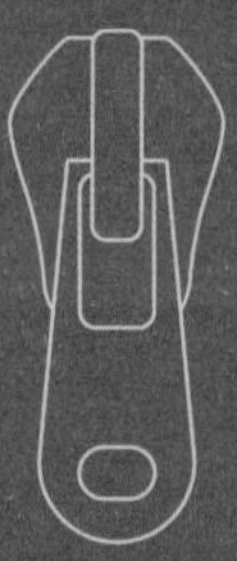

Para sanar tu interior, primero debes ir a las profundidades de ti mismo.

TU ADOLESCENCIA

La adolescencia es uno de los periodos de crisis vitales por excelencia. Ya no eres un niño, pero tampoco eres un adulto. Es una etapa convulsa, llena de dudas, incertidumbres y contradicciones.

En la adolescencia, la familia, que nos ha cobijado durante nuestros primeros años, pasa a un segundo plano. Queremos relacionarnos con nuestros iguales, sentirnos parte de un grupo, vivir nuevas experiencias y empezar a tomar nuestras propias decisiones. Pero no siempre es fácil. De hecho, nunca lo es.

¿Cómo recuerdas la tuya? Cierra los ojos y pon en marcha de nuevo la máquina del tiempo.

¿Qué supuso tu adolescencia para ti? Defínela en cinco palabras.

1. ____________________
2. ____________________
3. ____________________
4. ____________________
5. ____________________

¿Quién fue tu primer amor?

¿Te rompieron el corazón cuando eras adolescente?

☐ SÍ ☐ NO

Si es así, ¿cómo fue? ¿Qué sentiste?

¿Quiénes eran tus mejores amigos?

1. ____________________

2. ____________________

3. ____________________

¿Sigues manteniendo el contacto con ellos?

☐ SÍ ☐ NO

¿Qué solías hacer con tus amigos cuando eras adolescente?

____

____

____

¿Alguna vez te peleaste con uno de tus mejores amigos en tu adolescencia?

☐ SÍ ☐ NO

Si es así, ¿por qué? ¿Cómo lo solucionasteis?

____

____

____

____

Seguro que en algún cajón tienes guardadas fotos con tus amigos. Puedes pegarlas aquí para que nunca se pierdan.

¿Alguna vez sufriste *bullying* por parte de tus compañeros?

☐ SÍ ☐ NO

Si es así, ¿por qué motivo? ¿Cómo te hacían sentir?

¿Qué cosas hacías y qué cosas evitabas para enfrentar la situación?

Hacía...

Evitaba...

¿Cómo llegaste a superar esa situación? ¿Hubo alguien en quien te apoyaras especialmente?

Un secreto de tu adolescencia que nunca le contaste a nadie:

Una situación durante tu adolescencia en la que te sentiste especialmente solo:

¿Cuáles eran tus mayores frustraciones de adolescente?

1. ______________________________
2. ______________________________
3. ______________________________

¿Y tus mayores inseguridades?

1. ______________________________
2. ______________________________
3. ______________________________

¿Tenías algún complejo con tu físico de adolescente?

☐ SÍ ☐ NO

Si es así, ¿cuál era?

¿Lo sigues teniendo?

☐ SÍ ☐ NO

En caso afirmativo, ¿cómo te hace sentir? ¿Te limita en tu vida diaria?

En caso negativo, ¿cómo lograste superarlo?

¿Solías llorar a menudo cuando eras adolescente?

☐ SÍ ☐ NO

¿Por qué solías llorar en esa época?

1.
2.
3.

¿Qué hacías cuando te sentías triste durante la adolescencia?

____

____

____

____

____

____

¿Te apoyabas en alguien cuando te sentías triste?

☐ SÍ ☐ NO

Si es así, ¿quién era esa persona o esas personas?

____

____

____

____

____

____

¿Eras buen estudiante en el instituto?

☐ SÍ ☐ NO

¿Qué materias te interesaban más?

1. ___

2. ___

3. ___

¿Cómo te llevabas con tus padres cuando eras adolescente?

Tal vez les darías las gracias, les pedirías perdón o nada de lo anterior. Si volvieras ahora mismo a ser adolescente, ¿qué les dirías a tus padres?

¿Cuál fue la mayor trastada que hiciste de adolescente?

Una bronca monumental que recuerdes de tu época adolescente:

Tus canciones de la adolescencia, esas que nunca olvidarás.

La que escuchabas cuando estabas triste:

La que te recordaba a la persona que te gustaba:

___

La que escuchabas en bucle sin motivo:

___

La que te ponía alegre:

___

La de tus primeras noches de fiesta:

___

La que sigues escuchando a día de hoy:

___

La que nunca dejará de emocionarte:

___

La que más representaba a tu grupo de amigos:

___

¿Qué tres consejos le darías hoy a tu yo adolescente?

1. _
2. _
3. _

TU TRANSICIÓN A LA VIDA ADULTA

Cuando somos pequeños, a veces nuestro mayor anhelo es ser adultos. Queremos poder elegir, tomar nuestras decisiones, hacer lo que queramos en cada momento. Y, cuando ese momento llega, nos damos de bruces contra la realidad.

Enfrentar la vida adulta puede ser muy duro. Se nos obliga a saltar al mundo real y nada es como esperábamos. Llegan las incertidumbres por el futuro, las preocupaciones constantes, las responsabilidades que no paran de crecer... Y con todo ello aparece la frustración por no ver nuestras aspiraciones cumplidas, o no como imaginábamos.

¿Cómo enfrentaste este periodo de transición? ¿Cómo has llegado a convertirte en quien eres ahora?

¿Qué supuso para ti llegar a la mayoría de edad? Explícalo en tres frases.

1. ____________________
2. ____________________
3. ____________________

¿Te hacía ilusión ser una persona adulta?

☐ SÍ ☐ NO

¿Por qué?

____
____
____
____
____

¿Cuáles eran tus expectativas sobre la vida adulta?

____
____
____
____
____
____

¿Cuándo te diste cuenta de que eras realmente una persona adulta? ¿Qué sensaciones te provocó ese descubrimiento?

¿Cómo imaginabas que sería tu vida?

¿En qué se parece a lo que imaginabas?

¿Y en qué se diferencia?

¿Cómo te hace sentir eso?

Pega aquí una foto de un momento de tu juventud que te traiga buenos recuerdos.

¿Con quién estás? ¿Qué está pasando en esta foto?

___

___

___

___

___

¿Sientes que has renunciado a alguno de tus sueños de la infancia?

☐ SÍ ☐ NO

Si es así, ¿cuál es?

___

___

___

___

___

Y, por el contrario, ¿sientes que has cumplido alguna de tus aspiraciones infantiles o juveniles?

☐ SÍ ☐ NO

Si es así, ¿cuál o cuáles? ¿Cómo te sientes al respecto?

Las tres cosas que más te satisfacen de la vida adulta:

1.
2.
3.

Las que más te preocupan:

1.
2.
3.

Las que te resultan más duras o difíciles de gestionar:

1.
2.
3.

Las que más te entristecen:

1. ______________________
2. ______________________
3. ______________________

¿Sigues teniendo presente a tu yo de niño?

☐ SÍ ☐ NO

Si es así, ¿de qué manera?

____
____
____
____

¿Crees que tu yo de niño estaría orgulloso de ti?

☐ SÍ ☐ NO

¿Por qué? ¿O por qué no?

____
____
____
____

¿Qué crees que te diría si pudiera conversar contigo ahora mismo? ¿Se sorprendería de ver en quién te has convertido?

Tal vez la vida adulta no haya acabado siendo como esperabas, pero seguro que lo estás haciendo lo mejor posible. Dedícate unas palabras de cariño y autocompasión: estás lidiando con tu vida lo mejor que puedes y eso es suficiente.

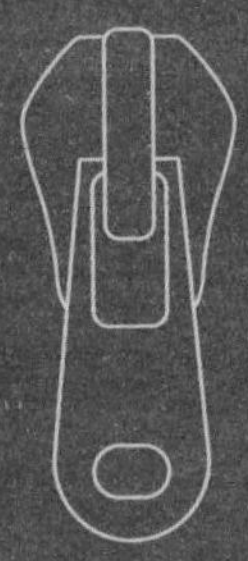

Aprende a amar
a la persona que eres.
No eres uno entre
un millón, «eres»
una vez en la vida.
Y eso sí que es
excepcionalmente
maravilloso.

PARTE 2

ASÍ SOY YO

Todo tu pasado te ha convertido, día a día, en lo que eres hoy. Contigo llevas una mochila llena de experiencias, recuerdos, aprendizajes, heridas y carencias. Una mochila que sigue llenándose y que moldea tu forma de ser.

Cada paso, cada éxito y también cada decepción han hecho de ti lo que eres, han forjado tu carácter y tus creencias. Lo que eres hoy es fruto de lo que fuiste ayer, lo que serás mañana será una consecuencia de lo que eres hoy.

Porque no, no eres un ente estático, sigues evolucionando cada día, influido por todo lo que te ocurre... y todo lo que te cuentas de ti a ti mismo.

¿Sabes cómo eres en realidad? ¿Has dedicado tiempo suficiente a reflexionar sobre ello? Porque solo conociéndote bien lograrás sanar tus heridas, tener claros tus valores y aspiraciones y, en definitiva, vivir una vida más plena y feliz. En las siguientes páginas, te invito a reflexionar sobre cómo eres. Entrégate a ello sin juicios y sé lo más honesto posible contigo mismo.

TU PERSONALIDAD

Eres un ser único e irrepetible. Nadie más ha sido exactamente como eres tú y nadie más volverá a serlo jamás. Tu manera de ser es solo tuya, ha sido moldeada a lo largo del tiempo y seguirá evolucionando con los años.

¿Cómo eres? ¿Qué es lo que te caracteriza? ¿Qué es eso que te hace único? ¿Alguna vez te lo habías planteado? A pesar de que nos acompañamos las 24 horas del día, no siempre nos dedicamos el tiempo que deberíamos a observarnos con compasión, a reflexionar sobre nosotros mismos. A conocernos de verdad.

Es momento de mirar hacia dentro y descubrirlo.

Defínete en tres palabras:

1. ____________________
2. ____________________
3. ____________________

Describe tu personalidad brevemente:

¿Qué tres cosas te gustan de ti?

1. ____________________
2. ____________________
3. ____________________

¿Y qué tres cosas detestas de ti mismo?

1. ____________________
2. ____________________
3. ____________________

Eres más bien...

Introvertido									Extrovertido
Calmado									Ansioso
Solitario									Sociable
Callado									Buen conversador
Planificador									Espontáneo
Prudente									Atrevido
Emocional									Racional
Conformista									Ambicioso
Ahorrador									Derrochador
Optimista									Pesimista
Despistado									Atento
Dependiente									Independiente
Ordenado									Desordenado

Algo que te hace inconfundible ante los demás:

Algo que creas que los demás admiran o envidian de ti:

____

____

____

____

Tres grandes logros de los que te sientes orgulloso:

1. ______________________________
2. ______________________________
3. ______________________________

Y tres «fracasos» que han marcado tu vida:

1. ______________________________
2. ______________________________
3. ______________________________

Una experiencia vital que supuso un antes y un después en tu manera de ser:

____

____

____

____

Las tres personas que más te han influido a lo largo de tu vida:

1. ______________________________
2. ______________________________
3. ______________________________

Tres cosas que haces cuando nadie te ve:

1. ______________________________
2. ______________________________
3. ______________________________

Algo que nadie sabe sobre ti:

____
____
____
____
____

Algo de tu vida cotidiana que te hace feliz:

____
____
____
____
____

Algo que te pone triste cada vez que lo recuerdas:

____

____

____

____

____

Una experiencia en tu vida que te hizo creer que no eras suficiente:

____

____

____

____

El peor rechazo que hayas sufrido hasta la fecha:

____

____

____

____

Tus mayores miedos:

1. ______________________________
2. ______________________________
3. ______________________________

¿Hay algo que cambiarías sobre ti?

Me gustaría ser un poco más...

Y un poco menos...

En general, ¿te sientes a gusto contigo mismo?

☐ SÍ ☐ NO

¿Por qué? ¿O por qué no?

TUS VALORES Y PRIORIDADES VITALES

La familia, el amor, la riqueza, la ambición, la salud, la solidaridad, la honestidad... Tus valores determinan tus actos y tus actos, a su vez, dirigen y determinan tu vida. ¿Qué valores te definen? ¿Alguna vez te has parado a pensar en ello?

Eso que consideras importante marca tus prioridades vitales. A lo que le dedicas tu tiempo, tu esfuerzo y tu energía es en lo que te acabas convirtiendo, así que no está de más revisar dónde pones el foco en tu vida.

Contar con unos valores sólidos y unas prioridades claras y definidas te ayudará a tomar mejores decisiones y a ser más consecuente contigo mismo. Porque no puedes contentar a todo el mundo, pero sí deberías contentarte a ti.

Del 1 al 10, ¿qué puntuación le darías a cada una de las áreas de tu vida?

	1	2	3	4	5	6	7	8	9	10
Físico y salud										
Ámbito personal y emocional										
Familia										
Amistades										
Relaciones sexoafectivas										
Trabajo										
Ámbito académico										
Nivel económico										
Tiempo libre										

¿A qué tres cosas le dedicas más tiempo en tu vida cotidiana? ¿Cuántas horas le dedicas a cada una?

1. ______________________________ : __ __ horas.
2. ______________________________ : __ __ horas.
3. ______________________________ : __ __ horas.

¿Cuáles de estas actividades suponen una obligación para ti y cuáles realizas por voluntad propia?

¿Te sientes satisfecho con la distribución de tu tiempo?

☐ SÍ ☐ NO

¿Por qué? ¿O por qué no? ¿Hay algo que te gustaría cambiar?

¿Cuáles consideras que son los valores que rigen tu vida? Elige cuatro o cinco de la siguiente lista. No le des muchas vueltas, escoge los que resuenen contigo de forma natural.

- ☐ Alegría
- ☐ Amistad
- ☐ Amor
- ☐ Autenticidad
- ☐ Belleza
- ☐ Bondad
- ☐ Compromiso
- ☐ Creatividad
- ☐ Curiosidad
- ☐ Disciplina
- ☐ Equilibrio
- ☐ Estabilidad
- ☐ Éxito
- ☐ Familia
- ☐ Fidelidad
- ☐ Generosidad
- ☐ Gratitud
- ☐ Honestidad
- ☐ Humildad
- ☐ Independencia
- ☐ Integridad
- ☐ Justicia
- ☐ Libertad
- ☐ Nobleza
- ☐ Optimismo
- ☐ Organización
- ☐ Paciencia
- ☐ Pasión
- ☐ Perseverancia
- ☐ Progreso
- ☐ Prosperidad
- ☐ Poder
- ☐ Respeto
- ☐ Riqueza
- ☐ Sabiduría
- ☐ Salud
- ☐ Sencillez
- ☐ Sinceridad
- ☐ Solidaridad
- ☐ Tolerancia
- ☐ Tradición
- ☐ Tranquilidad
- ☐ Valentía
- ☐ Vitalidad

¿Cómo pones en práctica estos valores en tu día a día?

Valor 1:

Valor 2:

Valor 3:

Valor 4:

Valor 5:

¿Sientes que hay valores que no estás honrando como deberías en tu vida?

☐ SÍ ☐ NO

Si es así, ¿por qué? ¿Qué te frena a la hora de aplicar ese o esos valores?

¿Cómo te sientes al respecto? ¿Cómo te gustaría que fueran las cosas?

¿Consideras que eres honesto contigo mismo, con lo que es importante para ti en la vida?

☐ SÍ ☐ NO

¿Por qué? ¿O por qué no?

¿Cuáles consideras que son tus prioridades vitales en este momento?

1. ____________________
2. ____________________
3. ____________________

¿Cómo se manifiestan esas prioridades en tu vida? ¿Con qué acciones las honras? ¿Les dedicas el tiempo suficiente?

En general, ¿consideras que eres fiel a ti mismo?

☐ SÍ ☐ NO

¿Por qué? ¿O por qué no? ¿Qué te impide vivir la vida que deseas?

¿Recuerdas algún momento en el que sintieras que te estabas traicionando a ti mismo?

☐ SÍ ☐ NO

¿Qué hiciste? ¿Cómo te hizo sentir vivir una situación así?

____

____

____

____

____

¿Alguna vez has sentido que se cuestiona tu estilo de vida?

☐ SÍ ☐ NO

Si es así, ¿cómo te sientes al respecto?

____

____

____

____

____

____

¿Te influye el juicio de los demás en tu forma de vivir la vida?

☐ SÍ ☐ NO

¿Por qué? ¿En qué medida?

____

____

____

____

____

Tres personas de tu entorno con las que puedes mostrarte tal como eres:

1. ____________________________
2. ____________________________
3. ____________________________

¿Qué tipo de actividades te hacen sentir que estás siendo tú mismo?

____

____

____

____

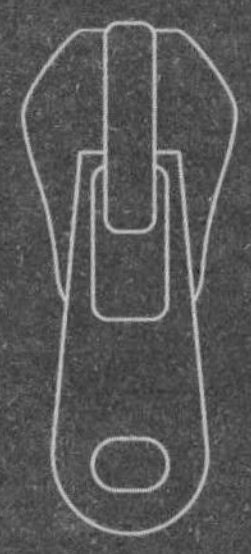

Tú tienes el poder
de hacer con tus días
lo que quieras que
sean. Aprovéchalos,
sonríe, vive,
vence tus miedos.

TUS GUSTOS PERSONALES Y AFICIONES

Tus películas favoritas, los libros que has leído y releído a lo largo de los años, las canciones que escuchas una y otra vez sin cansarte nunca... Tus gustos dicen mucho sobre ti, ¿no crees?

También a lo que le dedicas tus horas más preciadas del día, esas que quedan libres después de cumplir con tus obligaciones cotidianas. ¿Con qué llenas tu tiempo? ¿Qué cosas te interesan, te apasionan o te encanta aprender?

Lo que haces día a día define quién eres, así que ¿quién eres tú? Vamos a descubrirlo.

¿Cómo sería un día perfecto para ti?

¿Cuántas horas de tiempo libre al día tienes solo y exclusivamente para ti?

- ☐ Entre una y dos.
- ☐ Entre tres y cuatro.
- ☐ Más de cuatro.

¿Estás satisfecho con ello o te gustaría que fueran más? ¿Por qué?

¿Consideras que gestionas bien tu tiempo para poder tener más horas libres?

☐ SÍ ☐ NO

¿Cómo te sientes al respecto?

¿Qué sueles hacer en tu tiempo libre?

Tus tres aficiones principales:

1. ____________________
2. ____________________
3. ____________________

¿Cómo te sientes mientras las practicas? ¿Qué te aporta cada una de ellas?

____

____

____

Tres rutinas que haces sí o sí (casi) cada día:

1. ____________________
2. ____________________
3. ____________________

Tres cosas que te gustaría incorporar a tu rutina para mejorar tu vida:

1. ____________________
2. ____________________
3. ____________________

¿Qué te está frenando para no ponerlas en práctica?

¿Te gusta pasar tiempo a solas en tus horas libres?

☐ SÍ ☐ NO

¿Por qué? ¿O por qué no?

¿Qué emociones surgen de ti cuando estás a solas en tu tiempo libre? ¿Son agradables o desagradables?

¿Qué cosas sueles hacer cuando pasas tus horas libres solo?

1. ____________________
2. ____________________
3. ____________________
4. ____________________
5. ____________________

¿Y qué cosas haces cuando estás en compañía de otras personas?

1. ____________________
2. ____________________
3. ____________________
4. ____________________
5. ____________________

Tu tiempo libre significa para ti...

- ☐ Un momento de evasión de mi día a día.
- ☐ Un espacio para inspirarme y para aprender cosas nuevas.
- ☐ Una buena oportunidad para compartir con otras personas.

Libros que te hayan marcado:

1. ____________________
2. ____________________
3. ____________________
4. ____________________

Películas favoritas:

1. ____________________
2. ____________________
3. ____________________
4. ____________________

Series favoritas:

1. ____________________
2. ____________________
3. ____________________
4. ____________________

Cantantes o grupos de música favoritos:

1. ____________________
2. ____________________
3. ____________________
4. ____________________

Lugares a los que te gusta ir en tu tiempo libre:

- [ ] Parque / Bosque
- [ ] Plazas
- [ ] Playa
- [ ] Bares y restaurantes
- [ ] Discoteca
- [ ] Museo
- [ ] Cine
- [ ] Teatro
- [ ] Gimnasio
- [ ] Biblioteca
- [ ] Librerías
- [ ] Centro comercial

¿Cómo te sientes en tus lugares favoritos? ¿Qué emociones experimentas cuando estás en ellos?

____

____

____

____

¿Con quién sueles ir a estos lugares? ¿Cómo te sientes compartiendo tu tiempo con estas personas?

____

____

____

____

PARTE 3

LO QUE HAY DENTRO DE MÍ

Nuestro cuerpo está formado por agua, piel, huesos, órganos... y un sinfín de emociones que lo recorren de arriba abajo cada día. Son invisibles, a veces también difíciles de identificar y muy complicadas de gestionar. Sin embargo, las emociones están ahí para ayudarnos, para avisarnos de que algo no va bien, de que debemos alejarnos de una situación o una persona, incluso para alentarnos a vivir de nuevo una experiencia gratificante.

¿Cómo las integras en tu vida? ¿Cómo las gestionas en tu día a día? Tal vez te lleves bien con ellas, o tal vez sean tus peores enemigas. Puede que incluso las sientas como algo ajeno a ti mismo, algo que en ocasiones te gustaría neutralizar para dejar de sufrir.

Una cosa que debes saber es que cuando escuchas y atiendes a tus emociones, cuando dejas de luchar contra ellas y les das el espacio que reclaman, antes cumplen con su cometido y desaparecen. La clave está en aprender a transitarlas: validarlas, escucharlas y entender lo mucho que están haciendo por ti.

Y tú, ¿qué tal te llevas con ellas? Vamos a averiguarlo.

LAS EMOCIONES BÁSICAS

La alegría, la tristeza, la ira, el miedo, el asco y la sorpresa se consideran las seis emociones básicas. Nos acompañan día a día, muchas veces sin que seamos plenamente conscientes de ellas. Cada una tiene una función que cumplir.

La alegría nos recuerda qué es lo que nos hace bien para que sigamos buscando momentos así y promover nuestro bienestar.

La tristeza nos acompaña en momentos de pérdida o duelo para ayudarnos a gestionar esa ausencia y prepararnos para afrontar la vida tras ese duro golpe.

La ira nos alerta de que alguien ha sobrepasado nuestros límites, nos indica que debemos plantarnos y protegernos a nosotros mismos para que dejen de herirnos.

El miedo se encarga de garantizar nuestra supervivencia. Es un mecanismo que nos alerta de posibles amenazas y nos empuja a tomar medidas para evitar situaciones de riesgo que podrían hacernos daño o incluso provocarnos la muerte.

El asco nos protege de lo que puede ser potencialmente peligroso para nosotros. Nos recuerda que hay cosas que mejor no probar por nuestro propio bien.

La sorpresa nos obliga a poner toda nuestra atención en una situación inesperada o que se escapa de nuestro control. Su misión es fomentar la curiosidad y capacidad de aprendizaje para que en el futuro sepamos cómo afrontar situaciones similares.

En las siguientes páginas te invito a que reflexiones sobre cómo transitas esas emociones y cómo afectan a tu vida cotidiana. ¿Cuánto las experimentas en tu día a día? ¿Qué las dispara? ¿Cómo las gestionas? Responde con sinceridad.

ALEGRÍA

¿La experimentas a diario?

☐ SÍ ☐ NO

¿Qué tipo de pensamientos o hechos hacen que sientas alegría?

1. ______________________
2. ______________________
3. ______________________

¿En qué momentos o situaciones cotidianas te sientes más feliz en tu día a día? ¿Qué pequeñas cosas te ponen contento?

1. ______________________
2. ______________________
3. ______________________

¿Con qué personas o grupos te gusta compartir momentos felices?

____

____

____

____

Un momento feliz vivido junto a una persona o personas que ya no están:

____

____

____

____

____

____

¿Te cuesta estar feliz en tu día a día o tienes un ánimo alegre en general?

____

____

____

____

____

____

¿Cuáles dirías que han sido los momentos más felices de tu vida?

1. ____
2. ____
3. ____

Seguro que tienes muchos momentos felices inmortalizados con una cámara. Aquí tienes un espacio para pegar esas fotos inolvidables.

TRISTEZA

¿La experimentas a diario?

☐ SÍ ☐ NO

¿Qué tipo de pensamientos o hechos hacen que sientas tristeza?

1. ______________________
2. ______________________
3. ______________________

¿Cuál ha sido el momento o la época más triste de tu vida?

____

____

____

____

____

Además de la tristeza, ¿logras recordar otras emociones que sintieras cuando vivías esa situación?

1. ______________________
2. ______________________
3. ______________________

¿Qué pensamientos te rondaban la cabeza?

¿Cómo gestionaste la situación? ¿Qué hábitos tenías? ¿Te apoyabas en alguien?

Canciones que escuchabas en ese momento o que te recuerden a esa situación:

1.
2.
3.

Aquí tienes un rincón para llorar. Puedes dejar caer las lágrimas, pegar los mocos, restregar un pañuelo usado que dé fe de todo lo que te has sacado de dentro.

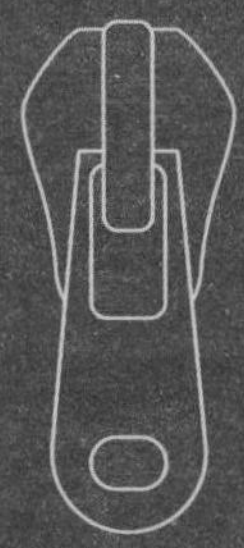

Todo el mundo quiere la felicidad. Nadie quiere angustia. Pero no puede haber arcoíris sin un poco de lluvia.

IRA

¿La experimentas a diario?

☐ SÍ ☐ NO

¿Qué tipo de pensamientos o hechos hacen que te sientas irascible?

1. ______________________________
2. ______________________________
3. ______________________________

¿Recuerdas los momentos de mayor enfado que has vivido en los últimos años? ¿Qué ocurrió en cada uno de ellos? ¿Con quién o quiénes te enfadaste y por qué?

1.
- Me enfadé con ______________________
- Lo que ocurrió fue ____________________
- Me sentía ___________________________

2.
- Me enfadé con ______________________
- Lo que ocurrió fue ____________________
- Me sentía ___________________________

3.

- Me enfadé con ______________________________
- Lo que ocurrió fue ______________________________
- Me sentía ______________________________

¿Cómo ves esas situaciones en el momento presente? ¿Habrías reaccionado igual si hubiese ocurrido hace poco?

____

____

____

____

____

En general, ¿cómo sueles comportarte cuando te enfadas? ¿Eres de hablar las cosas al momento, necesitas tu tiempo o evitas el enfrentamiento?

____

____

____

____

____

____

____

Este espacio es para descargar tu ira cuando lo necesites. Coge un lápiz, un boli o rotuladores de colores y raya con fuerza esta página, deja brotar la rabia, el enfado y todo lo que necesitas exteriorizar ahora mismo.

MIEDO

¿Lo experimentas a diario?

☐ SÍ ☐ NO

¿Qué tipo de pensamientos o hechos hacen que sientas miedo?

1. ______________________________
2. ______________________________
3. ______________________________

¿Te consideras una persona miedosa?

☐ SÍ ☐ NO

¿Cuáles son tus mayores miedos? ¿En qué medida afectan a tu vida diaria? ¿Los enfrentas o los evitas?

1.
- Tengo miedo a ______________________________
- En mi vida diaria, me afecta así:

____

- Tiendo a evitarlo/enfrentarlo porque...

____

2.

- Tengo miedo a ______________________
- En mi vida diaria, me afecta así:

____

- Tiendo a evitarlo/enfrentarlo porque...

____

3.

- Tengo miedo a ______________________
- En mi vida diaria, me afecta así:

____

- Tiendo a evitarlo/enfrentarlo porque...

____

Un miedo que tengas y que no hayas contado nunca:

____

____

¿Alguna vez has temido por tu vida?

☐ SÍ ☐ NO

Si es así, ¿cuándo fue? ¿Qué ocurrió?

____

____

____

Plasma aquí tus mayores miedos. Puedes hacer dibujos sencillos que representen cada uno de ellos. Abrázalos y entiéndelos, pues forman parte de ti y solo tratan de protegerte, aunque no siempre lo hagan de la mejor manera.

ASCO

¿Lo experimentas a diario?

☐ SÍ ☐ NO

¿Qué tipo de pensamientos o hechos hacen que sientas asco?

1. ______________________
2. ______________________
3. ______________________

¿Qué tres cosas te dan más asco?

1. ______________________
2. ______________________
3. ______________________

¿Cómo reaccionas cuando algo te da asco?

____

____

____

¿Qué síntomas físicos experimentas en este tipo de situaciones?

____

____

Un momento en el que sentiste tanto asco que casi vomitas o que vomitaste:

____

____

____

____

¿Tiendes a evitar estas situaciones o las enfrentas?

____

____

____

____

Describe...

Un olor que te dé asco:

____

Una imagen que te dé asco:

____

Una sensación táctil que te dé asco:

____

Un sabor que te dé asco:

____

SORPRESA

¿La experimentas a diario?

☐ SÍ ☐ NO

¿Qué tipo de pensamientos o hechos hacen que sientas sorpresa?

1. ______________________
2. ______________________
3. ______________________

¿Te consideras una persona fácil de sorprender?

☐ SÍ ☐ NO

¿Por qué? ¿O por qué no?

____

____

____

____

¿Qué tipo de cosas te sorprenden?

1. ______________________
2. ______________________
3. ______________________

¿Eres más bien de llevarte sorpresas agradables o decepciones?

Una persona que te haya sorprendido para bien:

Y alguien que te haya sorprendido en el mal sentido con su forma de actuar:

Usa este espacio para recordar la mayor sorpresa, en el buen sentido, que hayas vivido en tu vida: una buena noticia, una fiesta sorpresa, una situación inesperada que te hiciera feliz… Pega fotos, entradas, partituras, ese trocito de servilleta en el que apuntaste lo que pasó… ¡Deja volar tu imaginación!

DIARIO DE EMOCIONES

Ahora te propongo hacer un pequeño experimento contigo mismo para que tomes conciencia de qué emociones realmente predominan en tu día a día. Durante una semana, reflexiona sobre qué emociones sientes a lo largo del día, con qué intensidad y qué tipo de pensamientos tienes al respecto.

DÍA 1	EMOCIÓN	EMOCIÓN	EMOCIÓN
INTENSIDAD			
PENSAMIENTO ASOCIADO			

DÍA 2	EMOCIÓN	EMOCIÓN	EMOCIÓN
INTENSIDAD			
PENSAMIENTO ASOCIADO			

DÍA 3	EMOCIÓN	EMOCIÓN	EMOCIÓN
INTENSIDAD			
PENSAMIENTO ASOCIADO			

DÍA 4	EMOCIÓN	EMOCIÓN	EMOCIÓN
INTENSIDAD			
PENSAMIENTO ASOCIADO			

DÍA 5	EMOCIÓN	EMOCIÓN	EMOCIÓN
INTENSIDAD			
PENSAMIENTO ASOCIADO			

DÍA 6	EMOCIÓN	EMOCIÓN	EMOCIÓN
INTENSIDAD			
PENSAMIENTO ASOCIADO			

DÍA 7	EMOCIÓN	EMOCIÓN	EMOCIÓN
INTENSIDAD			
PENSAMIENTO ASOCIADO			

Después de hacer este registro emocional durante una semana, responde con honestidad:

¿Qué emociones predominan realmente en tu vida?

___

___

___

¿Te ha sorprendido el resultado? ¿Eras consciente de ello antes de hacer este registro?

¿Las emociones que has transitado son más bien agradables o desagradables?

- ☐ Mayormente agradables.
- ☐ Mayormente desagradables.
- ☐ Ambas.

¿Cómo las gestionas? ¿Consideras que atiendes a tus emociones o solo tratas de liberarte de ellas?

¿Te sientes cómodo lidiando con tus emociones?

☐ SÍ ☐ NO

¿Por qué? ¿O por qué no?

¿Te gustaría no sentir alguna de las emociones que transitas durante tu día a día? Si es así, ¿cuál sería?

¿Por qué no te gusta experimentarla? ¿Cómo te sientes cuando aparece?

¿Qué mensaje crees que pueden estar dándote esas emociones desagradables?

____

____

____

____

____

¿Sabes cómo volver a la calma después de experimentar una emoción de manera muy intensa?

☐ SÍ ☐ NO

¿Qué actividades te reconfortan cuando experimentas una emoción desagradable?

1. _
2. _
3. _

Estas actividades pueden considerarse como un botiquín emocional, los lugares seguros a los que puedes volver cuando estés experimentando emociones que no te resulten cómodas. Tenlas presentes para ayudarte a volver a tu equilibrio en esos momentos difíciles.

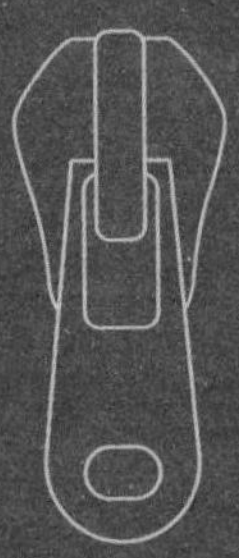

Al final del día, la única persona que tiene que lidiar con tus piezas rotas eres tú. Sánate, quiérete, ámate. Lo mereces.

PARTE 4
ASÍ ME RELACIONO CON...

Hasta el momento, te he invitado a reflexionar sobre ti mismo en tu esencia más pura. Sobre cuál ha sido tu camino, en qué te han convertido todas esas experiencias y cómo te sientes en tu día a día. En esta parte del libro, saldrás un poco de ti mismo y pondrás el foco en todo lo que te rodea, en las principales fuentes de alegría y satisfacción, pero también de estrés, dolor y frustraciones.

Podrás reflexionar sobre los principales ámbitos que conforman tu vida: tus relaciones sexoafectivas, tus amistades, tu familia y tu entorno laboral. A lo largo del día, dedicamos mucho tiempo a estas áreas, ¿verdad? Y es normal que a veces nos sintamos abrumados, ansiosos o incluso incapaces de lidiar con ciertas situaciones.

No podemos controlar el mundo que nos rodea, pero sí podemos intentar encontrar el equilibrio en nuestras vidas para poder vivir en paz.

MIS RELACIONES SEXOAFECTIVAS

Somos fruto de un acto de amor entre dos personas, y es lógico que nos pasemos la vida buscando eso para llenarla. Las relaciones sexoafectivas, esas con las que nos desnudamos –literal y metafóricamente–, pueden ser una gran fuente de felicidad, pero también de dolor.

No es fácil encontrar a una persona con la que compartir nuestra vida. A menudo, se trata de dejarse llevar, de estar simplemente en el lugar y en el momento adecuados. Pero también de que ambas partes estemos disponibles a nivel emocional, de que tengamos responsabilidad afectiva y de que cuidemos del otro como nos gustaría que nos trataran a nosotros.

Tal vez indagar sobre las relaciones sexoafectivas que has vivido a lo largo de los años te remueva por dentro hasta el punto de dolerte, pero también puede arrancarte una sonrisa al recordar viejos tiempos.

Sé honesto contigo y deja que afloren las heridas que llevas dentro. Nadie mejor que tú conoce tu dolor, nadie mejor que tú puede ayudarte a sanarlo.

¿Cómo te sientes cuando piensas en las relaciones afectivas que más te han marcado a lo largo de tu vida? ¿Qué aprendizajes sacaste de cada relación?

1.

- Nombre:
- Estuvimos juntos desde ________ hasta __________.
- Cuando pienso en esta persona, siento _____________.
- Un aprendizaje que me llevé de esta relación: ______ ____.

2.

- Nombre:
- Estuvimos juntos desde ________ hasta __________.
- Cuando pienso en esta persona, siento _____________.
- Un aprendizaje que me llevé de esta relación: ______ ____.

3.

- Nombre:
- Estuvimos juntos desde ________ hasta __________.
- Cuando pienso en esta persona, siento _____________.
- Un aprendizaje que me llevé de esta relación: ______ ____.

¿Cómo sueles ser en tus relaciones? Valora cada uno de los siguientes aspectos según consideres, coloreando más o menos corazones según el nivel. No te juzgues y sé honesto con tus respuestas.

CARIÑOSO: ♡ ♡ ♡ ♡ ♡ ♡ ♡ ♡ ♡ ♡

COMPROMETIDO: ♡ ♡ ♡ ♡ ♡ ♡ ♡ ♡ ♡ ♡

DETALLISTA: ♡ ♡ ♡ ♡ ♡ ♡ ♡ ♡ ♡ ♡

COMUNICATIVO: ♡ ♡ ♡ ♡ ♡ ♡ ♡ ♡ ♡ ♡

FIEL: ♡ ♡ ♡ ♡ ♡ ♡ ♡ ♡ ♡ ♡

EMPÁTICO: ♡ ♡ ♡ ♡ ♡ ♡ ♡ ♡ ♡ ♡

RESPONSABLE A NIVEL AFECTIVO: ♡ ♡ ♡ ♡ ♡ ♡ ♡ ♡ ♡ ♡

SEGURO: ♡ ♡ ♡ ♡ ♡ ♡ ♡ ♡ ♡ ♡

ROMÁNTICO: ♡ ♡ ♡ ♡ ♡ ♡ ♡ ♡ ♡ ♡

HONESTO: ♡ ♡ ♡ ♡ ♡ ♡ ♡ ♡ ♡ ♡

RESPETUOSO: ♡ ♡ ♡ ♡ ♡ ♡ ♡ ♡ ♡ ♡

APASIONADO: ♡ ♡ ♡ ♡ ♡ ♡ ♡ ♡ ♡ ♡

DIVERTIDO: ♡ ♡ ♡ ♡ ♡ ♡ ♡ ♡ ♡ ♡

PROACTIVO: ♡ ♡ ♡ ♡ ♡ ♡ ♡ ♡ ♡ ♡

¿A qué conclusiones llegas? ¿Hay algún aspecto que creas que debes cultivar en tus relaciones?

____

____

____

____

¿Qué consideras que aportas o has aportado a tus relaciones? Eso que no todo el mundo sabe proporcionar.

1. ____
2. ____
3. ____

¿Qué características debe tener la otra persona para hacerte sentir cómodo y feliz en la relación?

1. ____
2. ____
3. ____

Para ti, ¿cuáles son los pilares básicos de una relación sana, sea del tipo que sea?

1. ____
2. ____
3. ____

En general, ¿has tenido relaciones sanas en tu pasado?

☐ SÍ ☐ NO

Si es así, ¿por qué terminaron?

____

____

____

____

____

¿Cómo las recuerdas en el momento presente? ¿Qué sientes al hacerlo?

____

____

____

____

____

Y, por el contrario, ¿has tenido alguna relación tóxica o que te provocara un gran dolor a lo largo de tu vida?

☐ SÍ ☐ NO

Si es así, ¿por qué era tan tóxica o dolorosa?

¿Cómo te sentías en esta relación? ¿Qué emociones sentías con mayor intensidad estando con esta persona?

A día de hoy, ¿consideras que has superado el dolor que te causó esta relación?

☐ SÍ ☐ NO

Si todavía sientes esa herida, ¿cómo se manifiesta en el presente? Tal vez te haga sentir inseguro, desconfiado o poco valioso. No te juzgues y sé honesto contigo mismo.

¿Qué le dirías a esa persona si la tuvieras delante? Puedes escribirle una pequeña carta contándole todo lo que tal vez callaste en su momento. No te cortes, nadie va a leerla. Saca toda tu rabia si aún la guardas dentro.

También puede haberse dado la situación contraria. Que fueras tú quien hiciera daño, consciente o inconscientemente, a la otra persona. No te juzgues. Tal vez tú también estabas herido, no podías darle a esa persona lo que necesitaba o no podías quererla como ella te quería a ti.
¿Te ha ocurrido en alguna de tus relaciones?

☐ SÍ ☐ NO

Si es así, explica cómo te sentías en ese momento. ¿Eras consciente del daño que provocabas? ¿Recuerdas qué emociones sentías en esa época respecto a esta relación?

¿Qué le dirías a esa persona en este momento? No te juzgues ni te justifiques, imagina que le hablas desde el corazón.

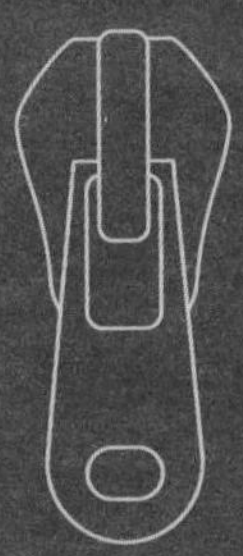

No persigas a la gente. Sé tú mismo, trabaja duro. Las personas que de verdad pertenecen a tu vida, vendrán a ti y se quedarán.

¿Quién fue tu primer amor?

¿Cómo te sentías al lado de esa persona?

¿Quién es la persona de la que has estado más enamorado?

¿Forma parte de tu vida o es tu pareja en la actualidad? ¿Qué supone eso para ti?

Una relación sexoafectiva de tu pasado que supuso una gran pérdida para ti cuando se terminó:

¿Cómo cambió tu vida al perder a esa persona a la que tanto querías?

¿Cómo te sentías en ese momento? ¿Y ahora, ¿cómo te sientes cuando piensas en ello?

Antes:

Ahora:

Una persona que te gustaba hace tiempo y a la que nunca se lo dijiste:

¿Por qué lo callaste? ¿Crees que esa persona lo sabía?

¿Cómo te sentías en esa época? ¿Qué te hubiera gustado que sucediera con esa persona?

Las canciones de amor y desamor nos transportan una y otra vez a esas situaciones que vivimos y que formarán para siempre parte de nosotros. ¿Cuáles cuentan tus historias de amor?

La canción que te recuerda a esa persona que te hizo tan feliz:

- Canción:
- Artista:
- Un fragmento de la letra:

La que escuchabas en bucle cuando te acordabas de esa persona:

- Canción:
- Artista:
- Un fragmento de la letra:

La que te recuerda a tu primer amor, ese que nunca olvidarás:

- Canción:
- Artista:
- Un fragmento de la letra:

La que escuchabas para regodearte todavía más en tu dolor:

- Canción:
- Artista:
- Un fragmento de la letra:

La que te reconfortaba cuando te rompieron el corazón:

- Canción:
- Artista:
- Un fragmento de la letra:

La que te hace echar de menos, todavía hoy, a esa persona que fue tan especial para ti:

- Canción:
- Artista:
- Un fragmento de la letra:

Una que escuchas ahora y todavía te duele:

- Canción:
- Artista:
- Un fragmento de la letra:

Esa que nunca le dedicaste a nadie, pero que significaba tanto para ti:

- Canción:
- Artista:
- Un fragmento de la letra:

La que te dedicaron a ti y todavía hoy te emociona:

- Canción:
- Artista:
- Un fragmento de la letra:

La que contaba perfectamente tu historia con esa persona:

- Canción:
- Artista:
- Un fragmento de la letra:

MIS AMISTADES

Los amigos son esa familia que elegimos por voluntad propia. Son compañeros de viaje, de risas y de lágrimas. Son las personas que celebran nuestras alegrías como si fueran suyas y nos reconfortan en nuestros peores momentos con su cálida presencia.

Con nuestros amigos podemos ser nosotros mismos, quitarnos nuestro disfraz y mostrar nuestra vulnerabilidad, sin miedo a ser juzgados o rechazados. La amistad es ese refugio donde nos sentimos siempre a gusto, un lugar donde dar lo mejor de nosotros mismos y recibir lo mejor de los demás.

La amistad son risas, abrazos, saber que puedes contar con esa mano que te sujetará y no te dejará caer. La amistad es un tesoro que se cuece a fuego lento y se construye día a día. Si en esta vida tienes la suerte de contar con un par de amigos de verdad, créeme, puedes considerarte muy afortunado.

¿Qué supone la amistad para ti? Te invito a reflexionar sobre ello en las siguientes páginas.

Describe con tres palabras lo que la amistad representa para ti:

1. ____________________
2. ____________________
3. ____________________

Tu amigo o amigos más antiguos:

¿Cuánto tiempo hace que sois amigos?

¿Qué fue lo que os unió?

¿Qué supone para ti esa amistad?

Los secretos más oscuros sobre ti que solo él o ellos conocen:

1.
2.
3.

Seguro que tenéis muchas fotos juntos. Aquí tienes un espacio para pegarlas.

¿Cuál es el último o últimos amigos que has hecho?

¿Desde cuándo os conocéis? ¿Por qué os hicisteis amigos?

¿Qué te aporta su amistad?

¿Y qué crees que le aportas tú a él o ellos?

¿Cómo te sientes cuando compartís tiempo juntos?

Un momento duro de tu vida en el que fueron tu soporte:

Aquí tienes un espacio para pegar fotos de los buenos momentos que has vivido con él o ellos.

Un amigo que fue íntimo y con el que apenas tienes contacto o ya no lo tienes:

¿Cómo te sientes al respecto? ¿Lo echas de menos o todo lo contrario?

¿Alguna vez te has sentido traicionado por un amigo?

☐ SÍ ☐ NO

Si es así, ¿qué ocurrió? ¿Cómo te hizo sentir esa situación?

¿Has perdonado a día de hoy a tu amigo por ese motivo?

☐ SÍ ☐ NO

¿Por qué? ¿O por qué no?

____

____

____

____

____

____

¿Cómo gestionasteis la situación? ¿Llegaste a decirle cómo te sentías? Aquí tienes un espacio para desahogarte.

____

____

____

____

____

____

____

____

Describe un momento...

De felicidad total con tus amigos:

____

____

____

____

____

____

Llorando junto a un amigo:

____

____

____

____

____

____

Pasando miedo con tus amigos:

____

____

____

____

____

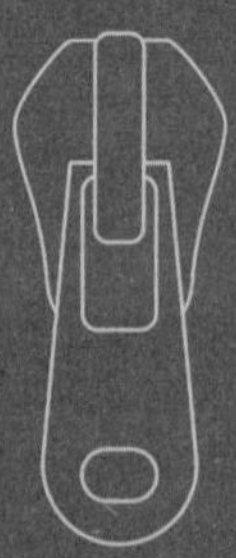

A los que escuchan
y no minimizan,
a los que entienden,
a los que felicitan,
a los que apoyan y no
envidian, a los que
acompañan; a esos,
siempre cerca.

Canciones que te vienen a la cabeza al pensar en tus amigos.

La canción de ese verano inolvidable:

- Título:
- Artista:
- Fragmento de la letra:

Esa que te descubrió un amigo y sigue siendo de tus favoritas:

- Título:
- Artista:
- Fragmento de la letra:

Esa que habéis cantado a pleno pulmón mil veces:

- Título:
- Artista:
- Fragmento de la letra:

La que escuchabais en bucle en cierta época de vuestra vida:

- Título:
- Artista:
- Fragmento de la letra:

Esa en la que lo disteis todo en un concierto:

- Título:
- Artista:
- Fragmento de la letra:

En general, ¿sientes que tus relaciones de amistad son recíprocas?

☐ SÍ ☐ NO

¿Por qué? ¿O por qué no?

¿Alguna vez has sentido que has dado más por tus amigos de lo que ellos serían capaces de dar por ti?

☐ SÍ ☐ NO

Si es así, ¿en qué situación?

¿Alguna vez te has sentido incomprendido por tus amigos?

☐ SÍ ☐ NO

Si es así, ¿en qué situación? ¿Cómo te sentías en ese momento?

¿Qué habrías esperado de tus amigos?

¿Llegaste a decirles cómo te sentías al respecto? Si no, aquí tienes un espacio para volcarlo.

¿Alguna vez tus amigos te han dejado solo y han hecho planes a tus espaldas?

☐ SÍ ☐ NO

Si es así, ¿qué ocurrió? ¿Cómo te sentiste?

¿Cómo gestionaste la situación?

¿Perdonaste a tus amigos por hacerte eso?

Si nunca les dijiste cómo te sentías, aquí tienes un espacio para expresarte con libertad.

En general, ¿te consideras un buen amigo? Valora cada aspecto según el nivel en el que consideres que estás.

LEAL	○	○	○	○	○	○	○	○	○	○
COMPRENSIVO	○	○	○	○	○	○	○	○	○	○
CARIÑOSO	○	○	○	○	○	○	○	○	○	○
DISPUESTO A AYUDAR	○	○	○	○	○	○	○	○	○	○
DOY APOYO INCONDICIONAL	○	○	○	○	○	○	○	○	○	○
SE PUEDE CONFIAR EN MÍ	○	○	○	○	○	○	○	○	○	○
DIVERTIDO	○	○	○	○	○	○	○	○	○	○

PROACTIVO	O	O	O	O	O	O	O	O	O	O
HONESTO	O	O	O	O	O	O	O	O	O	O
BUEN CONSEJERO	O	O	O	O	O	O	O	O	O	O
GENEROSO	O	O	O	O	O	O	O	O	O	O
RESPETUOSO	O	O	O	O	O	O	O	O	O	O
CAPAZ DE PERDONAR	O	O	O	O	O	O	O	O	O	O

¿A qué conclusiones llegas después de reflexionar sobre estos aspectos? ¿Cuáles crees que son tus puntos fuertes como amigo?

____

____

____

____

____

Y, por el contrario, ¿hay algún aspecto sobre el que creas que debes trabajar?

☐ SÍ ☐ NO

Si es así, ¿cuál es?

¿Qué tres aspectos de los anteriores son los que más valoras en un amigo?

1.
2.
3.

¿Qué es lo que nunca le perdonarías a un amigo?

Piensa en las cosas más bonitas que han hecho por ti tus amigos. ¿Cómo te hicieron sentir en esos momentos?

1.
Situación:
Amigos:
¿Cómo te sentiste?

2.
Situación:
Amigos:
¿Cómo te sentiste?

3.
Situación:
Amigos:
¿Cómo te sentiste?

4.
Situación:
Amigos:
¿Cómo te sentiste?

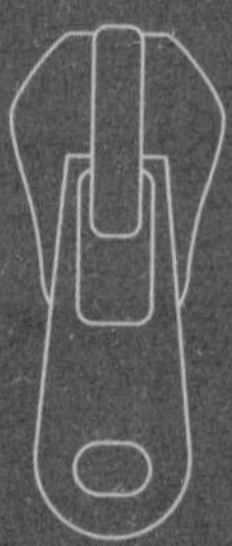

No dejes escapar a las personas que hacen bonito tu mundo.

MI FAMILIA

Grandes, pequeñas, tradicionales, modernas, felices o más bien todo lo contrario. En este mundo no hay dos familias iguales y la tuya es tan única como todas las demás. En el núcleo familiar forjamos nuestros primeros recuerdos, aprendemos a comportarnos y empezamos a definir nuestra manera de ser.

La familia puede ser un cálido refugio, ese lugar donde nos sentimos queridos tal y como somos, de manera incondicional y para siempre. No obstante, no todo el mundo tiene la suerte de tener una familia feliz, unida, donde sentirse protegido frente a los reveses de la vida. La familia puede ser también un espacio hostil, donde no se nos comprenda, donde se espere que seamos alguien que no somos, donde se nos exija demasiado o se nos infravalore.

En este apartado te propongo que reflexiones sobre tu familia y tu relación con ella. No te juzgues ni te sientas mal por volcar lo que piensas y sientes en realidad. Sincérate contigo mismo, hurga en tus heridas y extrae ese dolor que llevas dentro si así lo consideras.

Define con tres palabras lo que significa para ti el concepto de familia:

1. ______________________
2. ______________________
3. ______________________

En líneas generales, ¿te llevas bien con tu familia nuclear?

☐ SÍ ☐ NO

¿Cómo describirías la relación con tu familia?

____
____
____
____
____
____
____

¿Te gustaría que fuera de otra manera?

☐ SÍ ☐ NO

Si es así, ¿qué te gustaría que cambiara? ¿Por qué? ¿Cómo te sentirías si la situación fuera diferente?

Piensa en los miembros de tu familia (padres, hermanos, abuelos, tíos, primos...) en los que más te apoyas o apoyabas. ¿Qué te aporta o aportaba cada uno de ellos? ¿Cómo te sientes o sentías al estar con ellos?

1.
Nombre:
Vínculo:
Lo que me aporta o aportaba:

Así me siento o me sentía al estar juntos:

2.
Nombre:
Vínculo:
Lo que me aporta o aportaba:

Así me siento o me sentía al estar juntos:

3.
Nombre:
Vínculo:
Lo que me aporta o aportaba:

Así me siento o me sentía al estar juntos:

Una frase memorable que recuerdes de un miembro de tu familia. ¿Por qué la recuerdas?

¿Qué valores consideras que te ha transmitido tu familia?

1. ____________________
2. ____________________
3. ____________________

¿Los pones en práctica?

☐ SÍ ☐ NO

Si es así, ¿de qué manera lo haces? Si no los honras, ¿a qué crees que se debe?

¿Te sientes orgulloso de tu familia?

☐ SÍ ☐ NO

¿Por qué? ¿O por qué no?

Seguro que conservas algunos recuerdos felices con tu familia. Descríbelos en las siguientes páginas:

Un momento feliz de tu infancia:

¿Con quién estabas?

¿Cómo te sentías?

Un momento feliz de tu adolescencia:

¿Con quién estabas?

¿Cómo te sentías?

Un momento feliz en tu etapa adulta:

¿Con quién estabas?

¿Cómo te sentías?

Aquí tienes un espacio para pegar fotos de algunos momentos felices vividos junto a tu familia. ¿Cómo te sientes al recordarlos?

¿Tienes hermanas o hermanos?

☐ SÍ ☐ NO

¿Cuántos? ¿Cómo es tu relación con ellos?

Un recuerdo bonito con tus hermanas o hermanos:

Aquí tienes un espacio para poner una foto inmortalizando ese momento.

Un conflicto que vivieras con tu hermano o hermanos que os llevara a distanciaros, aunque fuera por un tiempo:

¿Cómo te sentías viviendo esa situación?

____

____

____

____

¿Cómo te sientes al recordarla? ¿Consideras que el conflicto está superado del todo?

____

____

____

____

¿Hay algo que se te quedara dentro? Aquí tienes un espacio para volcar todo eso que callaste.

____

____

____

____

La familia puede ser también una fuente de dolor y angustia. ¿Es tu caso?

☐ SÍ ☐ NO

Si es así, ¿por qué? ¿Con qué familiar o familiares sientes esas emociones desagradables?

____

____

____

____

¿Consideras que tus padres cuidaron bien de ti cuando eras pequeño?

☐ SÍ ☐ NO

¿Por qué? ¿O por qué no?

____

____

¿Sientes que, en algún momento, tus padres te fallaron o no te dieron lo que necesitabas?

☐ SÍ ☐ NO

Si es así, ¿cómo fue la situación? ¿Cómo te sentías en esos momentos?

____

____

¿Qué te hubiera gustado decirles en esa situación? Aquí tienes un espacio para desahogarte.

Una pérdida en tu familia que supusiera un duro golpe para ti:

¿Fue algo repentino o esperado? ¿Cómo viviste la situación?

¿Qué emociones viviste en ese momento?

¿Consideras que has superado esa pérdida?

☐ SÍ ☐ NO

¿Cómo te sientes ahora mismo cuando piensas en esa persona?

¿Qué le dirías si la tuvieras delante ahora mismo?

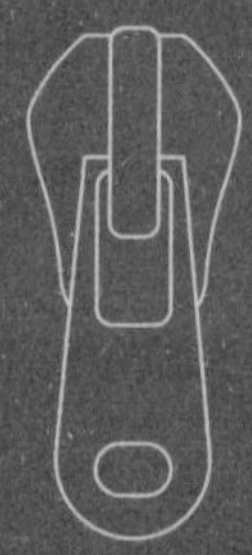

El tiempo
no cura las
heridas, eres
tú quien se cura
a sí mismo a
través del
tiempo.

¿Disfrutas las reuniones familiares o más bien te angustian?

____

____

____

____

____

____

¿Por qué? ¿Qué emociones sientes en esas situaciones y qué las provocan?

____

____

____

____

____

____

____

¿Hay algún familiar en concreto con el que suelas tener roces cuando os veis?

☐ SÍ ☐ NO

Si es así, ¿qué motivos suelen provocarlos? ¿Cómo te sientes en esos momentos?

Un conflicto familiar que te angustiara. ¿Cuándo sucedió? ¿Entre qué miembros? ¿Cómo te sentiste al respecto?

MI TRABAJO

Hay quien lo considera una tortura necesaria con la que ganarse la vida y hay quien lo disfruta y se realiza a través de él. El trabajo nos permite cubrir nuestras necesidades básicas y también contribuye a definir quiénes somos y cómo nos posicionamos en la sociedad.

Puede ser una fuente de gratificación cuando nos ayuda a alcanzar nuestras metas, a desafiarnos a nosotros mismos, a dominar nuevas habilidades o incluso a darle un propósito a nuestra vida.

Pero aunque esto sería lo ideal, no siempre es así. El trabajo también puede conllevar estrés y angustia constante cuando no nos satisface lo que hacemos, el entorno no es agradable, no nos sentimos útiles, las condiciones laborales son precarias o se nos trata mal.

El trabajo forma parte de nuestra vida y debemos aprender a «llevarnos bien» con él para que no nos desborde ni nos amargue la existencia, algo que no siempre es fácil. Y tú, ¿cómo te relacionas con tu trabajo? Reflexiona sobre ello a lo largo de las siguientes páginas.

Escribe las tres primeras palabras que se te vienen a la cabeza cuando piensas en el trabajo:

1. ______________________
2. ______________________
3. ______________________

¿Qué representa para ti el trabajo? ¿Es una simple fuente de ingresos, un mal necesario o un medio para ganarte la vida y realizarte al mismo tiempo?

____
____
____
____
____
____
____
____

Remuneración, flexibilidad horaria, teletrabajo, posibilidades de ascender... ¿Qué es lo que más valoras de un trabajo?

1. ______________________
2. ______________________
3. ______________________

En general, ¿te gusta tu trabajo actual?

☐ SÍ ☐ NO

¿Por qué? ¿O por qué no? ¿Qué emociones experimentas cuando te dispones a empezar tu jornada laboral?

¿Consideras que organizas bien tu tiempo durante la jornada laboral?

☐ SÍ ☐ NO

Productivo, agobiado, frustrado... ¿Cómo te sientes al respecto?

¿Piensas que te faltan horas durante el día para hacer todo lo que te gustaría?

☐ SÍ ☐ NO

¿Cómo te sientes al respecto? ¿Hay alguna actividad o tarea a la que te gustaría dedicar más tiempo o hacerla con más calma?

___

___

___

___

___

¿Crees que vives en modo automático, que saltas de una obligación a otra sin casi pararte a pensar?

☐ SÍ ☐ NO

¿Cómo te sientes al respecto? ¿Hay aspectos que crees que podrías mejorar en tu gestión del tiempo?

___

___

___

___

Tus mejores experiencias laborales. ¿Qué te aportaban? ¿Cómo te sentías en ese entorno?

1.
Trabajaba en: ____________________
Lo que aportaba: ____________________
Así me sentía: ____________________

2.
Trabajaba en: ____________________
Lo que aportaba: ____________________
Así me sentía: ____________________

3.
Trabajaba en: ____________________
Lo que aportaba: ____________________
Así me sentía: ____________________

Y, por el contrario, ¿cuáles han sido tus peores experiencias laborales? ¿Cómo te sentías desempeñando ese trabajo?

1.
Trabajaba en: ____________________
No me gustaba porque: ____________________
Así me sentía: ____________________

2.

Trabajaba en: ____________________

No me gustaba porque: ____________________

Así me sentía: ____________________

3.

Trabajaba en: ____________________

No me gustaba porque: ____________________

Así me sentía: ____________________

¿Alguna vez dejaste un trabajo sin tener un plan B?

☐ SÍ ☐ NO

Si es así, ¿por qué lo hiciste? ¿Cómo te sentías en ese momento?

____

____

____

____

____

____

____

____

¿Tienes alguna profesión frustrada?

☐ SÍ ☐ NO

Si es así, ¿cuál es? ¿Por qué nunca has llegado a desarrollarla? ¿Cómo te sientes al respecto?

____

____

____

____

Si pudieran pagarte por algo que se te da muy bien, aunque no sea algo rentable, ¿a qué te gustaría dedicarte?

____

____

____

____

Un logro que alcanzaste en tu trabajo actual o pasado y del que te sientas particularmente orgulloso:

____

____

____

____

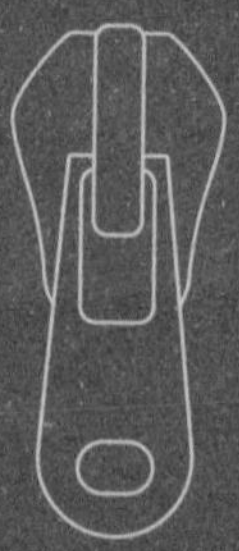

Celebra tus propias victorias, porque nadie más sabe lo que te costó alcanzarlas.

El trabajo está considerado como una de las principales causas de estrés y ansiedad en nuestra vida. ¿Es tu caso?

☐ SÍ ☐ NO

¿Qué es lo que más te estresa de tu trabajo?

¿Cómo enfrentas tu situación? ¿Cómo te sientes al respecto?

Presta atención a tu cuerpo. ¿Qué síntomas físicos experimentas cuando estás estresado?

1. __________________________________
2. __________________________________
3. __________________________________

¿Sabes cómo volver a la calma? ¿A qué acciones o pensamientos recurres?

¿Alguna vez has llegado a experimentar *burnout*, es decir, sentirte quemado en el trabajo?

☐ SÍ ☐ NO

Si es así, ¿en qué situación te encontrabas? ¿Cómo te sentías? ¿Conseguiste hacerle frente?

Si pudieras tener un trabajo menos estresante, pero peor remunerado, ¿accederías?

☐ SÍ ☐ NO

¿Por qué? ¿O por qué no?

Los compañeros de trabajo pueden ser una auténtica lotería. ¿Cómo son los tuyos?

Y tú, ¿te consideras un buen compañero de trabajo?

☐ SÍ ☐ NO

¿Por qué?

¿Alguna vez has tenido una mala experiencia con un compañero de trabajo?

☐ SÍ ☐ NO

¿Qué ocurrió? ¿Cómo te sentiste en ese momento?

¿Llegó a resolverse esa situación? ¿Hubo alguien que te ayudara?

¿Ha habido algún compañero de trabajo que hiciera que te plantearas dejar tu puesto?

☐ SÍ ☐ NO

Si es así, ¿cómo era ese compañero y tu relación con él o ella? ¿Cómo te hacía sentir trabajar a su lado?

Si pudieras tenerlo aquí delante, ¿qué le dirías? Aquí tienes un espacio para decirle lo que tal vez callaste en su momento. No te guardes nada dentro.

Por suerte, también existen los buenos compañeros de trabajo, esos que hacen que valga un poco más la pena levantarse cada mañana. ¿Cuáles dirías que son los mejores compañeros de trabajo que has tenido a lo largo de tu vida? ¿Qué te aportaron? ¿Cómo te sentías al trabajar con ellos?

1.
Nombre: ______________________________
Empresa: ______________________________
Qué me aportaba: ______________________
Cómo me hacía sentir: __________________

2.
Nombre: ______________________________
Empresa: ______________________________
Qué me aportaba: ______________________
Cómo me hacía sentir: __________________

3.
Nombre: ______________________________
Empresa: ______________________________
Qué me aportaba: ______________________
Cómo me hacía sentir: __________________

4.

Nombre: ____________________________

Empresa: ____________________________

Qué me aportaba: ______________________

Cómo me hacía sentir: ____________________

Prosperidad económica, autorrealización, estatus social, bienestar y equilibrio... Cada persona puede tener su propia definición de éxito. ¿Has reflexionado sobre qué significa para ti?

¿Te consideras una persona exitosa o que está en el camino de serlo?

☐ SÍ ☐ NO

¿Por qué? ¿O por qué no? ¿Qué necesitarías que cambiara en tu vida para sentirte una persona de éxito?

¿Cómo te ves dentro de unos años? ¿Tienes metas por cumplir en el ámbito laboral?

Aunque ahora lo veas como algo completamente inalcanzable, ¿cómo sería tu trabajo ideal?

¿Por qué te haría feliz?

¿Hay algo que puedas hacer ahora mismo para acercarte a ese trabajo ideal?

Cuando dudes de lo lejos que puedes llegar..., recuerda lo lejos que ya has llegado.

DESPEDIDA

Has llegado al final del camino. Espero que hayas sonreído al recordar viejos y buenos momentos, y que hurgar en los no tan buenos te haya servido para empezar a sanar, para empezar a sacar fuera de ti eso que no te deja ser feliz del todo.

¿Cómo te sientes después de este recorrido vital? Tal vez te hayas enfrentado a preguntas para las que nunca tuviste respuesta, o quizá te haya costado responder a algunas por el dolor que suponía poner sobre el papel lo que estaba escondido en una esquina de tu mente.

Por el simple hecho de haber llegado hasta aquí, de haberte atrevido a mirar hacia dentro y reconocer todas esas cosas que forman parte de ti, ya eres muy valiente. No es fácil tomar conciencia de nuestras miserias, sacar a relucir nuestras heridas y recordar lo que tanto daño nos hizo o que, tal vez, nos sigue haciendo.

Deberías sentirte orgulloso de ti ahora mismo, por haberte dedicado este tiempo, por haber llevado a cabo este proceso de introspección, por atreverte a explorar dentro de ti y llegar a conocerte mejor... y tal vez ser más compasivo contigo.

Ojalá esta experiencia te ayude a recordarte todo lo que vales, todo lo bueno que hay dentro de ti y de todo lo que eres capaz. Te has enfrentado al dolor, has vivido cosas que no le desearías a nadie y sigues levantándote cada día para seguir con tu vida, para acercarte a la vida que deseas, para intentarlo un día más. Para estar aquí y ahora, para crear tu vida día a día y paso a paso.

Disfruta, sonríe y haz magia con tu día, porque vivir el presente es lo mejor que puedes hacer.

RECOPILACIÓN DE FRASES

Autoestima

- Celebra tus propias victorias, porque nadie más sabe lo que te costó alcanzarlas.
- La falta de amor propio alimenta los miedos. Por eso, no tienes que intentar ser más valiente, sino quererte más.
- Aprende a amar a la persona que eres. No eres uno entre un millón, «eres» una vez en la vida. Y eso sí que es excepcionalmente maravilloso.
- Te mereces mucho porque eres mucho. Incluso aunque tú no lo creas así.
- Al final del día, la única persona que tiene que lidiar con tus piezas rotas eres tú. Sánate, quiérete, ámate. Lo mereces.
- Ojalá no te canses de ofrecerle tu luz al mundo porque, aunque no lo creas, tu presencia marca la diferencia.
- Lo mejor que puedes ser… es ser tú mismo.

Mentalidad positiva

- Todo el mundo quiere la felicidad. Nadie quiere angustia. Pero no puede haber arcoíris sin un poco de lluvia.
- Ser positivo no es estar feliz todo el tiempo. Es entender que, a pesar de los días difíciles, vendrán días mejores.
- Empezarás a sonreír cuando te borres de la cabeza los pensamientos negativos para dar lugar a los positivos. La diferencia te causará tal alegría que no volverás atrás.
- Cuando te permites lo que mereces, atraes lo que necesitas.
- Al final gana quien, a pesar de todos sus problemas, se levanta todas las mañanas con una mente positiva para hacerle frente a la vida.
- No debes tener miedo a equivocarte. Hasta los planetas chocan y del caos nacen las estrellas.
- La vida te está alejando de lo que no necesitas y que no te hace bien.

Motivación

- Sé fuerte. No importa por lo que estés pasando ahora, ninguna pena es para siempre, tu situación mejorará.

- Llora si tienes que llorar, pero después ten valor y levántate, sécate las lágrimas y sigue adelante: nunca te detengas.
- Deberías estar orgulloso de ti, de las batallas silenciosas que has librado, de los momentos en los que caíste, pero volviste a levantarte.
- Eres más fuerte de lo que crees, así que hazte un favor: celebra tu fortaleza.
- Tú tienes el poder de hacer con tus días lo que quieras que sean. Aprovéchalos, sonríe, vive, vence tus miedos.
- Cuando dudes de lo lejos que puedes llegar…, recuerda lo lejos que ya has llegado.

Heridas/Dolor

- El tiempo no cura las heridas, eres tú quien se cura a sí mismo a través del tiempo.
- Cuando seas inmune a las opiniones y actos de los demás, dejarás de ser víctima de un sufrimiento innecesario. Nadie te puede hacer daño si tú no se lo permites.

Ansiedad

- Que hoy solo sea hoy, sin el peso de ayer, sin la ansiedad de mañana.
- Disfruta, sonríe y haz magia con tu día, porque vivir el presente es lo mejor que puedes hacer.

Relaciones

- A los que escuchan y no minimizan, a los que entienden, a los que felicitan, a los que apoyan y no envidian, a los que acompañan; a esos, siempre cerca.
- Ámate mucho para que no creas que aguantar mentiras y manipulaciones es luchar por una relación.
- No persigas a la gente. Sé tú mismo, trabaja duro. Las personas que de verdad pertenecen a tu vida, vendrán a ti y se quedarán.
- No dejes escapar a las personas que hacen bonito tu mundo.
- Ponte guapo para ti, sonríe para ti, haz planes para ti. Sé feliz para ti… Si alguien más quiere compartirlo contigo, genial. Si no…, más para ti.